MORSAS
MAMIFERO MARINO

Sarah Palmer

Versión en español de Lois Sands

Rourke Enterprises, Inc.
Vero Beach, Florida 32964

LIBRARY OF CONGRESS
Library of Congress Cataloging-in-Publication Data
Palmer, Sarah, 1955-
[Morsas. Español.]
 Morsas / por Sarah Palmer; versión en español de Lois
Sands.
  p. cm. — (Biblioteca de descubrimiento del mamífero marino)
  Traducción de: Walruses.
  Incluye un índice alfabético.
  Sumario: Describe en términos sencillos la apariencia, la infancia,
los hábitos, el comportamiento y el habitat de las morsas.
  ISBN 0-86592-689-1
  1. Morsas—Literatura juvenil.
[1. Morsas. 2. Materiales de lenguaje en español.]
I. Título. II. De la serie de: Palmer, Sarah, 1955-
Biblioteca de descubrimiento del mamífero marino.
QL737.P62P3418   1991
599.74'7—dc20   91-20157
                                    CIP
                                    AC

ÍNDICE

MORSAS

El nombre del grupo científico para las morsas, las focas y los leones marinos es Pinniped. Los Pinnipeds más grandes y fuertes son las morsas (Odobenus rosmarus). Hay dos **especies** de morsas: las del Atlántico y las del Pacífico. Estas dos especies son muy similares. Las morsas del Atlántico son un poco más pequeñas que las del Pacífico.

Las morsas del Pacífico son más grandes que las del Atlántico

CÓMO SON

Lo que más se nota en las morsas son sus bigotes cortos y sus colmillos filosos. El tamaño de una morsa es igual al tamaño de un león marino y la mitad de otro. Pueden llegar a doce pies de largo y pesar hasta una tonelada y media. Un tercio del peso de una morsa se compone de **esperma** o grasa.

6

La piel de las morsas es gris cuando están en el agua y se pone rosada cuando salen a descansar

DÓNDE VIVEN

Las morsas viven en las regiones frías del Polo Norte. Se encuentran en el **hielo empacado** que flota en áreas no prófundas sobre lechos de mariscos. En el verano cuando no hay hielo más al Sur, las morsas se quedan por lo común dentro del Círulo Ártico. Cuando el hielo se mueve hacia el Sur durante los meses de invierno, las morsas se mueven con el hielo.

Las morsas del Pacífico **migran** por el Mar Chukots y el Estrecho de Bering para pasar el invierno en el Mar Bering.

Las morsas viven en las áreas congeladas del Ártico

LO QUE COMEN

Las morsas comen como seis por ciento de su peso en comida cada día. ¡Eso quiere decir que una morsa de una tonelada necesita 120 libras de pescado y mariscos cada día! Las morsas se zambullen al fondo del océano para comer almejas y otros mariscos.

La gente pensaba que excavaban las almejas con sus colmillos para comérselas. Los científicos ya no creen esto. Ellos piensan que las morsas sólo chupan las almejas de sus conchas.

Las morsas chupan mariscos del agua no muy profunda en la orilla rocosa

Enormes manadas de morsas se salen para descansar en las rocas

Las morsas a veces se pelean unas con otras

SUS COLMILLOS

Los machos y las hembras de las morsas tienen colmillos. Los colmillos son dientes extra largos que crecen de los dos lados de la mandíbula de arriba. Están hechas de un hueso llamado **marfil.** A veces los esquimales tallan los colmillos para hacer herramientas y adornos. Los colmillos empiezan a crecer cuando la morsa tiene como cuatro meses.

Mientras la morsa viva los colmillos siguen creciendo. Un colmillo puede medir más de tres pies de largo y pesar diez libras.

Los colmillos de la morsa pueden crecer muy largos

VIVIENDO EN EL OCÉANO

A pesar de su enorme peso, las morsas nadan con fuerza y gran facilidad. Las morsas tienen enormes **aletas** traseras triangulares. Al patear sus aletas traseras, las morsas empujan sus cuerpos por el agua. Las aletas delanteras más pequeñas se usan para guiar el cuerpo. Las morsas acostumbran comer a profundidades entre 30 y 150 pies. Se pueden quedar debajo del agua hasta doce minutos.

Las morsas patean con sus enormes aletas traseras para empujarse por el agua

SUS CUERPOS

Debajo de la piel gruesa y dura de las morsas hay una capa de 3 pulgadas de esperma. En el frío penetrante del Ártico, la sangre de la grasa se pasa al cuerpo de las morsas. Al no estar cerca de las temperaturas frías de afuera se mantiene caliente. Si las morsas se ponen demasiado calientes, la sangre se bombea a la esperma otra vez para enfriarla. La sangre que se encuentra enseguida debajo de la piel les da un color rosado a las morsas.

Las morsas tienen bigotes y colmillos grandes

MORSAS BEBÉS

Las morsas bebés miden como cuatro pies de largo al nacer. Pesan como 130 libras. La mayoría de los **becerros marinos** nacen en mayo. Las morsas hembras sólo tienen un becerro a la vez. A menudo cargan a su cría en la espalda. Los becerros se quedan con sus mamás por dos años. Cuando ya se pueden defender solas, las morsas jóvenes dejan a sus madres para unirse a una manada.

Este macho joven de las morsas está empezando a crecer colmillos

LA FAMILIA DE LAS MORSAS

Las morsas no viven en una unidad familiar. Los machos y las hembras viajan en manadas diferentes. Los machos forman una manada. Las hembras cuidan su cría en otra manada. Las morsas se **trepan** sobre **hielo flotante** y rocas para descansar. Casi siempre lo hacen en grandes manadas. A veces se ven manadas de miles de morsas. Las morsas se amontonan muchas veces acostados uno encima de otro.

GLOSARIO

aletas — miembros cortos y planos del cuerpo que ayudan a que se mueva la morsa

becerros marinos — los bebés de las morsas

especie — un término científico que significa clase o tipo

esperma — una capa gruesa de grasa debajo de la piel de un mamífero marino

hielo empacado — un área en el océano donde pedazos de hielo flotan juntos

hielo flotante — un trozo grande de hielo que flota

marfil — una clase de hueso del cual se forman los colmillos de la morsa

migrar — moverse de un lado para otro generalmente en la misma época del año

trepan — salirse a descansar en tierra seca

ÍNDICE ALFABÉTICO